［皖］版贸登记号：12242184

图书在版编目（CIP）数据

冲刺吧，泳坛新星！／（日）森谦一郎著；彭雅唯译；
（日）岩元健一绘. --合肥：安徽科学技术出版社，2025. 5.
--（小学生兴趣入门漫画）. --ISBN 978-7-5337-9211-4

Ⅰ. G861.1-49

中国国家版本馆 CIP 数据核字第 2024FV2256 号

Umaku Naru Suiei

© 2015 Gakken Plus Co.,Ltd.

First Published in Japan 2015 by Gakken Education Publishing Co.,
Ltd.Tokyo

Simplified Chinese translation rights arranged with Gakken Inc.
through Max・Information Co.,Ltd.

［日］森谦一郎　著
冲刺吧，泳坛新星！　　　　　　　　　　　　　　［日］岩元健一　绘
CHONGCI BA YONGTAN XINXING　　　　　　　　　　彭雅唯　译

出 版 人：王筱文　　选题策划：高清艳　　周璟瑜　　责任编辑：程羽君
责任校对：沙　莹　　责任印制：廖小青　　　　　　　封面设计：悠　婧
出版发行：安徽科学技术出版社　　　　　http://www.ahstp.net
（合肥市政务文化新区翡翠路 1118 号出版传媒广场，邮编：230071）
电话：(0551)63533330
印　　　制：安徽新华印刷股份有限公司　　电话：(0551)65859525
（如发现印装质量问题，影响阅读，请与印刷厂商联系调换）

开本：710×1010　1/16　　印张：11　　字数：150 千
版次：2025 年 5 月第 1 版　　2025 年 5 月第 1 次印刷

ISBN 978-7-5337-9211-4　　　　　　　　　　定价：42.00 元

 **前言**

这本书，是为怕水和不会游泳的小读者们写的。

就游泳这项运动而言，与其说是"学会"，不如说是熟能生巧，就像骑自行车一样。你还记得自己学会骑自行车的时候吗？第一次只凭借自己的力量，稳稳地向前骑行时，那份快乐和感动，一定很难忘吧。但在那之前，你也许在他人的帮助下反反复复地练习、经历了屡次的摔倒又爬起，不是吗？

游泳也是同样的。在水下，无论是谁一开始都会惊慌失措，可能连用鼻子呼气都不会，但通过他人的帮助，反复练习，你便能逐渐掌握呼吸方法，享受身体漂浮在水中的乐趣。接着，当你终于能够在水中来去自如时，一定会欣喜不已。你会享受身处水中的感觉，收获游泳的无穷乐趣。然后，就像学会骑自行车后一样，你会想要游得更快、游得更好。

照着这本书上的方法反复练习，你便能重温初学自行车时的感动，收获掌握新技能的快乐。那么，现在就做好热身运动、冲个澡，让我们进入泳池吧！

森谦一郎

本书的特点

① 在漫画中体会学习的乐趣

在漫画"水是我的好朋友"中，可以体验在水中漂浮、游动的乐趣。作者森教练说："很多小学生都像故事中的航平一样，在很短的时间内就学会了游泳。"读完漫画，就出发去泳池吧！

② 阅读顺序

分镜框与对话框都是从上到下、从右往左进行阅读的，请特别注意。

③ 从0到1

这本书能帮助你掌握之前不会、不擅长的东西。比如，如果你不太擅长自由泳，那么跟随书中的步骤从第66页开始练习，就能够慢慢掌握自由泳了。

和使用方法

④ 参照图片自主练习

本书中有大量的照片和插画，供你在自己练习时参考。根据图片，一边在脑中预设正确的游泳姿势一边练习，一定会渐入佳境。

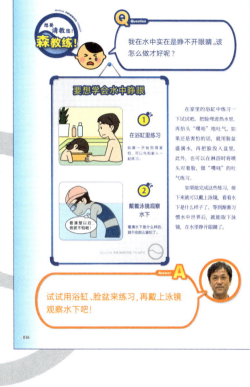

想要请教您！
森教练！

Q Question
我在水中实在是睁不开眼睛。该怎么做才好呢？

要想学会水中睁眼

① 在浴缸里练习
如果一开始觉得害怕，可以先和家人一起练习。

② 戴着泳镜观察水下
看清楚水下是什么样的，就不会那么害怕了。

看清楚以后我就不怕啦！

在家里的浴缸中练习一下试试吧。把脸埋进热水里，再抬头"嘎哇"地吐气。如果还是害怕的话，就用脸盆盛满水，再把脸没入盆里。此外，也可以在淋浴时将喷头对着脸，做"嘎哇"的吐气练习。

如果能完成这些练习，接下来就可以戴上泳镜，看看水下是什么样子了。等到渐渐练习惯水中世界后，就能取下泳镜，在水里睁开眼睛了。

Answer A
试试用浴缸、脸盆来练习，再戴上泳镜观察水下吧！

016

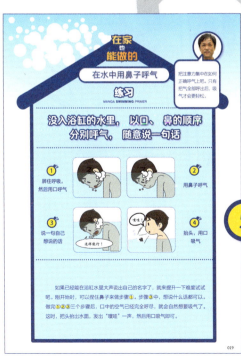

在家也能做的

在水中用鼻子呼气
练习
MANGA SWIMMING PRIMER

把注意力集中在如何正确呼气上吧。只有把气全都呼出后，吸气才会更轻松。

没入浴缸的水里，以口、鼻的顺序分别呼气，随意说一句话

① 屏住呼吸，然后用口呼气

② 用鼻子呼气

③ 说一句自己想说的话
这样做行！

④ 抬头，用口吸气

如果已经能在浴缸水里大声说出自己的名字了，就来提升一下难度试试吧。刚开始时，可以摁住鼻子来做步骤①，步骤②③中，想说什么话都可以。做完①②③三个步骤后，口中的空气已经全部呼尽，就会自然想要吸气了。这时，把头抬出水面，发出"嘎哇"一声，然后用口吸气即可。

019

⑤ 还有在家里也能做的练习

"在家也能做的练习"部分介绍了在家里的镜前、床上等地方练习游泳动作和姿势的方法。到泳池中尝试练习在家做过的动作，回到家后再继续练习，如此反复，你一定会游得越来越好。

在本书中可以学到的

第**4**章 自由泳

最快、最有力的泳姿。游泳界的名角!

弯曲双腿踢水，可以游得更快。打腿和转体是游泳的基本功。好好练习吧!

蝶泳

一种十分生动的泳姿，双臂展开，像海豚一样摆动着身体前进。在本书中不详细介绍，但如果有机会，你可以试着学一学。

3种泳姿

仰泳

蛙泳

是云朵姐姐！

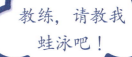

教练，请教我蛙泳吧！

登场人物

航平

小学二年级学生。一直很害怕泳池，但在母亲的建议下，去游泳学校参加游泳培训。经过一段时间的学习后，一切都改变了……

早纪

小学四年级学生。看上去平平无奇，却是首屈一指的仰泳小健将。航平刚来泳校就注意到了她。

太一

小学二年级学生。在航平的同年级同学中算是一位劲敌。

梨花

小学四年级学生。她是航平的姐姐，擅长自由泳。和翔太不太合得来。

田所教练

让人捉摸不透的教练，"V形手"是他的招牌动作。似乎和航平的母亲是旧相识。

英一

小学四年级学生。精通游泳理论知识，擅长蝶泳。

翔太

小学四年级学生。擅长蛙泳。经常和梨花斗嘴。

航平和梨花的母亲

鞭策航平学习游泳的人，不知为何，她对游泳十分了解。

目 录

MANGA **SWIMMING** PRIMER

第4章　怎样掌握自由泳

漫　画　混合泳接力赛太酷了！

第5章　怎样掌握仰泳

漫　画　练习就能游得更好吗？

噗哇!

航平（二年级）

憋、憋死我了!

003

游泳季，又要来了……

那天在电视上看到游泳选手的采访，我就想起来了。

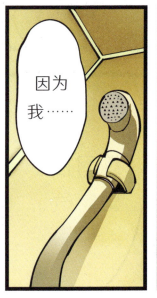

因为我……

好什么啊！

不是挺好的吗？

航平上一年级时的夏天

好了，水中捉迷藏就到这里了。

呀—

接下来我们把脸沉到水下，练习在水里呼气。

太一
（航平的同年级同学）

我，我不会在水里呼气。感觉一呼气，嘴巴就会进水，好可怕……

航平，你怎么啦？

一起潜到水里吐泡泡吧！

在水里用鼻子呼气

池底取物

请 快 来 挑 战 一 下 吧 ！

用腹部触碰池底

水中猜拳

第1章

在水里用鼻子呼气，学会适应水中世界吧

第一次来到水中世界，会打退堂鼓是很正常的。即使是在本书中指导我们的森教授，最初也是如此。

我们之所以会对泳池感到害怕，其实是因为不知道在水中的呼吸方法。那么现在，我们就来练习游泳时吸气、呼气的方法吧。

游泳时，基本的呼吸方法是"用鼻呼气，用口吸气"。如果能学会这个呼吸方法，很快就能在水中游刃有余了。无论是潜水还是游泳，都会变得乐趣无穷。

首先，来做一做后面这些水中练习吧！

在水下用鼻子「咕噜咕噜」地呼气再跃出水面，用口吸气

在水中跳跃吧！

这是重点！

从水中跃出时，大声喊出"噗哇"，水就不会进到嘴里了。

噗哇！

学会这些以后

你会掌握水下呼气、跃起吸气的节奏。沉入水下之前，先深深地吸一口气吧。记住是"用鼻呼气，用口吸气"哟。

练习方法

① 站在泳池中，用口吸气【图❶】。

② 沉入水中，闭上嘴巴，用鼻子"咕噜咕噜"地呼气【图❷】。

③ 向上跃起，按照先鼻后口的顺序呼气，再用嘴巴吸气【图❸】。

④ 重复②③步骤2~3次。

如果还不会在水下睁眼，可以先闭着眼。

特别提示！

不建议在水下用嘴巴呼气哦，否则就无法掌握正确的呼吸节奏了。

习惯与水共处吧

水下呼气、取物的练习

潜入水下，池底取物

来玩寻宝游戏吧！

这里是重点！

潜入水下的过程中只用鼻子呼气，一直坚持到极限为止。

学会这些以后

你会比练习在水中跳跃时更熟练地使用鼻子呼气，并能在水中更加自如地活动身体。

练习方法

① 用嘴巴深深地吸一口气【图❶】。

② 一边用鼻子呼气，一边潜入水下【图❷】。

③ 拿起放在池底的物品【图❸】。

④ 做出前一页中图❸的动作。

这组练习能让你实实在在地潜入水下，并用鼻子呼气。尝试过后，你就会发现，如果不用鼻子呼气，身体是无法潜入水下的。更用心地去体会用鼻子呼气的感觉吧。

用腹部触碰池底，挑战池底抱膝坐

试试沉到水底吧！

用腹部触碰池底

这里是重点！

最好放松身体，用鼻子一次呼出一大口气的同时沉到水底。

1

抱膝坐

上方视角

2

学会这些以后

如果能成功沉到池底，就说明你已经用鼻子将气完全呼出了。怕水的情绪也会随之缓解不少。感到憋得有些难受时，就浮出水面吧。

练习方法

① 用嘴巴深吸一口气，潜入水中，一边用鼻子呼气，一边让腹部触碰到池底【图❶】。

② 同①一样，用鼻子呼气并沉入水底，摆出抱膝坐的姿势【图❷】。

如果气没有完全呼出，是无法做到以上两个动作的。重点在于要放松身体，将气完全吐出来。

只要把气全部呼出，就能在步骤②中抱膝坐姿势的基础上，将手掌贴于池底。

习惯与水共处吧

水下睁眼的练习

数完『一——二』就下水猜拳，
看看对手出的是什么拳

试试水下猜拳吧！

是石头，
我赢啦！

学会这些以后

可以先戴着泳镜做几次，再尝试摘下泳镜来练习。你会发现自己渐渐能在水里睁开眼了。

练习方法

① 和同伴一起数出"一——二"，然后沉到水下。

② 在水下猜拳，看看对方出的是什么拳【图❶】。

尽可能在更靠近池底的地方猜拳吧。

刚开始可以一局定胜负。在水中憋气的本领变强后，就可以连猜两局、三局了。

还可以在水下玩"谁先眨眼谁就输"的游戏，也非常有意思哟！

Question

我在水中实在是睁不开眼睛。该怎么做才好呢？

要想学会水中睁眼

 1

在浴缸里练习

如果一开始觉得害怕，可以先和家人一起练习。

看清楚以后，我就不怕啦！

 2

戴着泳镜观察水下

看清水下是什么样的，就不会那么害怕了。

MANGA **SWIMMING** PRIMER

在家里的浴缸中练习一下试试吧。把脸埋进热水里，再抬头"噗哇"地吐气。如果还是害怕的话，就用脸盆盛满水，再把脸没入盆里。此外，也可以在淋浴时将喷头对着脸，做"噗哇"的吐气练习。

如果能完成这些练习，接下来就可以戴上泳镜，看看水下是什么样了。等到渐渐习惯水中世界后，就能取下泳镜，在水里睁开眼睛了。

Answer

试试用浴缸、脸盆来练习，再戴上泳镜观察水下吧！

想要请教您！
森教练！

Question

在"水中跳跃"等动作中，头伸出水面后吸气有困难，该怎么做呢？

要想用鼻子将气呼到底

1 在泳池外

用口吸气，再用鼻子呼气，吹动纸巾。

2 在泳池里

①将脸浸入水中，至水面刚没过鼻子处，用鼻子"咕噜咕噜"地吐气。

②发出"噗哇"一声，再吸气。

你一定是因为还没掌握怎样用鼻子完全呼气。不过不用担心，很多同学都会遇到这个瓶颈。

如果还没习惯完全潜入水下，可以通过左边的练习，去熟悉"用鼻子将气呼到底"的感觉。

用鼻子呼气时，嘴里一定不要憋气。练习时也可以对着镜子，检查自己吐气时脸颊有没有鼓起来。熟能生巧，多多练习吧。

Answer **A**

只有将气全部呼出后，之后才能大口吸气。反复练习吧！

如果大人在场监督，切不可强求孩子做动作，如把头按入水中等。

在水中用口呼气

练习
MANGA **SWIMMING** PRIMER

试试把脸没入浴缸的水里，大声说出自己的名字吧

 把脸没入浴缸里

 大声说出自己的名字

 抬起头，吸气

可以戴上泳镜。

注意要用嘴巴将气吐尽。最好用舌根抵住喉头。

发出"噗哇"一声后，吸气。重复步骤①②，熟悉水下吐气、水上吸气的动作。

    游泳时，在水下用鼻子呼气，头抬出水面后用嘴巴吸气，这种呼吸方法是基本功。为了更好地掌握它，请结合本页及上页内容做配套练习吧。首先，把脸没入浴缸的水里，大声说出自己的名字。接着，抬起头，发出"噗哇"一声，吸气。大声说话时，嘴里的空气会完全呼出，因此吸气也更加容易。只要在喊出声后迅速抬起头，水是不会进到嘴里的。

在水中用鼻子呼气

练习

MANGA **SWIMMING** PRIMER

把注意力集中在如何正确呼气上吧。只有把气全部呼出后，吸气才会更轻松。

没入浴缸的水里，以口、鼻的顺序分别呼气，随意说一句话

 屏住呼吸，然后用口呼气

 用鼻子呼气

 说一句自己想说的话

这样能行！

噗哇！

吸

 抬头，用口吸气

　　如果已经能在浴缸水里大声说出自己的名字了，就来提升一下难度试试吧。刚开始时，可以捏住鼻子来做步骤①。步骤③中，想说什么话都可以。做完①②③三个步骤后，口中的空气已经完全呼尽，就会自然想要吸气了。这时，把头抬出水面，发出"噗哇"一声，然后用口吸气即可。

想要请教您！
森教练！

Question

在进入泳池前、出泳池后，分别需要做些什么呢？

游泳前的准备活动

前后、左右转动手臂

拉伸肩膀周围的肌肉。

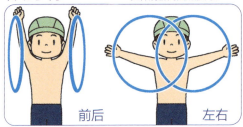

前后　　　　　左右

前后、左右摆动腿部

让双腿动起来更加灵活。

前后　　　　　左右

其他动作

还可以做这些动作：扭动身体，拉伸小腿肚，弯曲、伸展膝盖，双腿伸直、向两边尽量张开等。

进入泳池前的准备活动：

①去一趟卫生间。

②动一动身体，活动关节，拉伸肌肉，做一做左图中的动作，热好身后，运动时才不容易受伤。

③冲个澡。

从泳池出来后，需要做这些：

①做拉伸，特别要拉伸大块的肌肉（肩膀周围、腿部、臀部、胸部、背部等）。

②再冲个澡。

Answer **A**

进入泳池前，要先做些热身运动，然后淋浴。出泳池后，要拉伸肌肉，再淋浴。

那——

嗖 サッ

サッ 嗖

サッ 嗖

真的?

知、知道。

航平同学,知道怎么在水里呼气吗?

快,来吧!

又来这一套。

朝着我的胸口扑过来吧!

哗啦 バチャン

过来!

真拿你没办法啊。

我,我做不到!

把胳膊和腿打开的话……会沉下去的吧？

放心，有我托着你。

然后轻轻把胳膊和腿打开，放松。

很好——就是这样。保持这个姿势……

小小成功了一下哦。好了，下次一定托着你。

教练，你骗人！居然松手！

啊，沉了，沉了，要沉了！

扑腾 ゴ・ポ

你自己练习一下吧。

哪有啊！

到我这里来一下。

田所教练！

教小孩子，怎么能这么胡来？

美香教练

好像不太能行……

咕噜 ブク

咕噜 ブク

ザバ

哗啦

哇，好漂亮的漂浮啊——

早纪（四年级）

水是我的好朋友哦。待在水里感觉很棒，不是吗？

那个，你是怎么浮在水面上的啊？

ザバ

哗啦

仰面大字漂

请 快 来 挑 战 一 下 吧 ！

第2章

抓住水上漂浮的窍门，
享受其中的乐趣吧

俯面大字漂

抱膝漂浮

学会了如何在水中呼气，接下来就来练习如何在水上漂浮吧。

漂浮的重点有二，一是面部没入水中之前要深吸一口气，二是身体要放松。

深吸一口气后，我们的身体就像充了气的气球，能够浮在水面上了。同时，只有身体完全放松下来，才更容易浮起来。

刚开始做上面介绍的3种漂浮练习时，可以先让大人托住你的身体。

面部不用入水，所以不必害怕

试试摆出『大』字仰面漂浮吧

试试仰面大字漂吧！

如果漂浮有困难，可以在腰上穿戴浮力腰带（辅助漂浮的工具）。

浮力腰带

学会这些以后

你会充分体验到漂浮在水面的乐趣。如果害怕面部入水，就在腰间戴上浮力腰带，仔细体会漂浮的感觉。

因为是仰着漂浮，所以害怕面部碰水的同学也能做这个动作。

漂浮时，别忘了屏住呼吸。

刚开始练习时，最好让家人或懂游泳的大人在一旁协助。

练习方法

① 深吸一口气，然后仰躺在水面上【图❶】。

这时，放松身体，眼睛看向正上方（天花板）。

大人以能够看见孩子面部的姿势，托住孩子的后脑勺，帮助孩子浮在水上。

② 大人慢慢将手放开【图❷】。

浮力腰带：一种塑料材质的辅助工具，可以帮助游泳者更加轻松地漂浮。

这里是重点!
面部(下巴)不要上抬,眼睛看向正上方。

这里是重点!
背部要挺直。

这里是重点!
四肢尽量打开。

这里是重点!
耳朵要没入水下。

③ 保持身体放松,将手臂和双腿尽量张开【图❸】。

④ 如果能在保证双腿不下沉的情况下,持续漂浮10秒,就可以去练习第34页的俯面大字漂了。

漂浮的窍门在于放松。手臂、腿和身体都要完全放松下来。

在手、腿、身体都完全放松的基础上,再注意做到以上几点,就能够顺利漂浮在水面上了。快去试一试吧!

特别提示!

如果四肢不打开,身体就会下沉。

试试面对池底，再摆出「大」字漂浮吧

面部入水的漂浮练习

试试俯面大字漂吧！

如果漂浮有困难，一开始可以在后腰穿戴浮力腰带。

学会这些以后

你会在体验漂浮乐趣的同时克服恐惧，在水下轻松地屏住呼吸。如果感觉憋到极限了，就改用双脚站立起来吧。

和第32、33页的仰面漂浮一样，刚开始做时，也需要有家人或懂游泳的大人在一旁协助。

在水下记得屏住呼吸哟。

练习方法

① 大人握住孩子的双手，孩子深吸一口气，屏住呼吸，身体完全放松，俯卧在水面上。

② 大人将孩子的手掌打开。手肘和膝盖伸直，身体完全放松【图❶】。

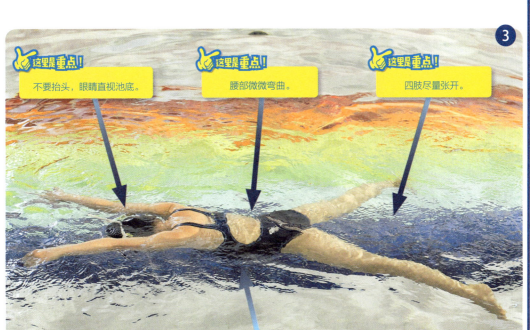

③

这里是重点!
不要抬头，眼睛直视池底。

这里是重点!
腰部微微弯曲。

这里是重点!
四肢尽量张开。

这里是重点!
腹部、臀部要收紧。

③　大人慢慢地放开手【图❷】。
④　保持身体放松、屏住呼吸，尽量张开四肢【图❸】。
⑤　在脚跟不下沉的前提下，坚持漂浮10秒。

　　练习时要注意以上几个重点。和仰面漂浮相反，俯面漂浮时，将腰部微微弯曲会令人更轻松。
　　如果能做到稳稳浮在水面上了，就试着用鼻子慢慢地呼气，再继续漂浮吧。

如果双腿开始下沉了，可以让大人把你的手臂也轻轻按到水下。

试试"冬瓜式"漂浮吧！

蜷曲身体进行漂浮的练习

试试抱住膝盖，用『冬瓜式』漂浮吧

这里是重点！

收起下巴时，为了防止口鼻进水，可以慢慢地用鼻子呼气。

1 吸

2

学会这些以后

你会掌握自由泳和蛙泳所必需的漂浮窍门。

练习方法 ....

① 深吸一口气，屏住呼吸，上半身向前倾【图❶】。

② 面部沉入水下，双腿从池底轻轻向上浮起。

③ 用手臂抱住膝盖，收起下巴，背部弓起。

④ 身体放松，背部朝上，让身体漂浮起来【图❷】。

....

收住下巴，看向自己的肚脐，就能稳稳地浮起了。

如果身体紧绷，就很难浮得起来，所以在深吸一口气之后，记得要让身体完全放松下来。

MANGA *SWIMMING* PRIMER

想要请教您！森教练！

Q Question

做大字漂时总是浮不起来，有什么窍门吗？

漂浮的窍门

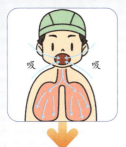

吸　吸

1

漂浮前要深深地吸气

吸入的空气会起到救生圈的作用。

2

身体要向后倒

仰面躺倒时，要屏住呼吸，看向天花板。

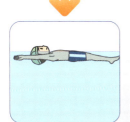

3

水面要没过耳朵

伸展四肢，等待身体稳住。

要让身体浮在水上，最重要的一点，就是漂浮前要深深吸气。其次是要放松，将身体完全交给池水，不能紧绷。做大字漂时，让水面没过耳朵，会更容易成功。如果因为害怕水而把头向上抬，就很容易失败。

如果害怕，可以让大人在一旁托住你的头和腰，在耳边对你说"没事的哦"，你就能够渐渐放松身体，稳稳地浮起来了。

Answer **A**

漂浮前要深深地吸气。要放松，将身体完全交给池水。

这是一种用手掌在水中画"8"，用手去感受水的划水练习。

用手掌抓水

练习
MANGA SWIMMING PRIMER

在浴缸里画 "8"
用手掌和小臂去感受水吧

用手掌画"8"

在水中划动小臂，感受水的阻力

在泳池里能够控制自己上浮、前进

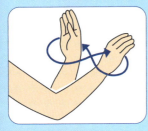

首先，在进浴缸前，转动小臂，画出水平的"8"字。上臂不用大幅度转动。

在浴缸里按照步骤❶的动作划动双手，让手掌和小臂感受到充分的阻力。

学会划水后，就能够在水中控制身体移动。

　　游泳时，我们的手要在水中做出抓水、拨水、推水、抱水等动作。学习上面的划水动作，来做抓水的练习吧。用手掌和小臂去充分地感受水。熟练后，仅凭划水就能够移动身体了。在这之后，学习其他泳姿时，只要用心去体会划水的感觉，用手去抓水，就都能很快学会了。

英一（四年级）

躺着的话，就不用把脸浸到水里，很安全不是吗？

为什么要躺着呢？

大家都到齐了吗？今天练习躺在水上游泳哦！

来，在水上躺着看看。

好了，航平，来吧。

来，把浮力腰带戴在肚子上。

是这样吗？

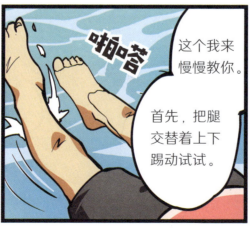

啪嗒

这个我来慢慢教你。

首先，把腿交替着上下踢动试试。

就这样，试着打打腿。

打腿？怎么打腿？

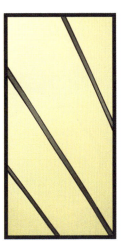

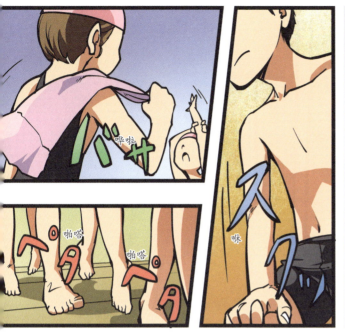

接下来的 20 分钟，各位参加选拔的选手可以自由地游泳了！

选拔？选手？

哇！姐姐也在！

解说

仰姿游泳

俯姿游泳

请 快 来 挑 战 一 下 吧 ！

利用浮板游泳

狗刨式游泳

第 **3** 章

动起手臂和双腿，享受在水中前进的乐趣吧

接下来，动起手臂和双腿，试着在水中前进吧。不用担心，即使还没学过蛙泳、自由泳等泳姿，也是可以游起来的。

刚开始时，哪怕只能往前游一两米也没关系。可以先只动腿，再加上手部动作，变成狗刨式，去感受在水中前进的感觉。

在觉得呼吸困难或感到害怕时，就站起来。

只要能体会到游泳的乐趣，不管是什么样的泳姿，都会有其独特的魅力。

试试仰面朝上，用双腿拍打着水面前进吧

试试仰姿游泳吧！

这里是重点！

不用太在意游泳的姿势。练习时一步步提高目标距离，尽可能游得更远。

学会这些以后

你会体会到游泳的乐趣。即使害怕面部入水，也能以这种方式体验在水中前进的感觉。

练习方法

① 深吸一口气，请教练或身边的大人托住自己，以仰姿漂浮在水上【图❶】。

② 大人慢慢放开手【图❷】。

③ 用双腿"哗啦哗啦"地踢水，试着向前游动【图❸】。

漂浮在水面时，眼睛望向正上方的天花板。游动时注意身体朝上，背部保持水平。以脚尖露出水面的程度向上踢水，就能够顺利地向前游了。

在水中前进吧

体会游动的乐趣②

试试将脸和耳朵没入水下，再踢水向前游吧

试试将脸没入水中至耳朵后，再游泳吧！

这是重点！
耳朵要没入水下（脸朝下）。

这是重点！
踢水时要让整条腿，包括大腿根部都动起来。

学会这些以后

身体愈发熟悉在水中游动的感觉。放轻松，接着游下去吧。

练习方法

① 深吸一口气，将脸没入水中，双脚离开池底【图❷】。
请大人托住自己的身体。【图❶】。如果感到害怕，你就请大人托住自己的头部和腰部。

② 大人慢慢放开手。
手放在身体两边不动，用双腿踢水前进。

游泳时将面部没入水下直至耳朵后，就离正确的泳姿更近了一步。保持面部在水下，在能屏住气的时间内尽可能地游得更远些吧。

试试伸直手臂扶住浮板，一路前进吧

试试利用浮板游泳吧！

1

这里是重点！
将手臂伸直，放在浮板上。

2

这里是重点！
身体要平直舒展。

学会这些以后

你会熟悉在水中游动的感觉。大幅度地踢动整条腿，就能在水中顺畅地前进哦。

练习方法

双手抓住浮板前段，踢水前进。

身体不要紧绷，试着放松下来，慢慢朝前游动。

关于踢水动作，在之后自由泳的部分会进行更加充分的练习，所以现在只需克服恐惧，一心向前游，体会游泳的乐趣即可。

特别提示！

不要只用膝盖以下部分踢水，避免形成坏习惯。

在水中前进吧

体会游动的乐趣④

用狗刨式划水前进吧

试试狗刨式游泳吧！

水下视角

①

这里是重点！

游泳时挺直身体、腹部发力。

②

学会这些以后

在遭遇溺水危险时，狗刨式游泳能够保你周全。由于这个泳姿无须把面部潜入水中，所以不要害怕，勇敢地尝试吧。

所谓狗刨式游泳，就是双腿踢水，双手在前交替划水（见第 074 页）。

踢水时试着用脚掌将水向上带起，向前游动吧。

练习方法 ●●●●●●●●●●●●●●●●●●●●●●●●

① 左臂向前伸出的同时，右臂在水中向着胸前划动【图❶】。

② 右臂向前伸出的同时，左臂在水中向着胸前划动【图❷】

③ 重复步骤①②。

即使使用浮板,腿部还是会下沉,难以前进,该怎么做呢?

要想自如地漂浮游动

抓住浮板的前端

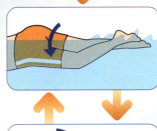

臀部配合双腿摆动

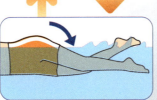

MANGA **SWIMMING** PRIMER

抓住浮板的前端,上臂伸直。抓浮板时,手、手臂、肩膀都要放松。

腿部的动作不是"踢",而是"向上抬水",要用心感受这个动作。配合腿部动作,再轻轻摆动你的臀部。

学会这个动作,自由泳也就没有问题了。反复练习吧,直至熟练为止。

Answer **A**

抓住浮板前端,身体放松。踢水时想象自己是将水向上抬起。

混合泳接力赛？

咦？！

现在来宣布分组。

下个月，8月10日，在泳校的游泳大赛中会有混合泳接力赛。

吉田教练的队伍有……

坂田教练的队伍有……

梨花同学。

英一同学。

翔太同学。

早纪同学。

田所教练的队伍有……

嘭刷

翔太同学！

我绝对、不要！不要和翔太在一个组！

喂，姐姐，混合泳接力是……

以及航平同学。

我也要参加？话说，混合泳接力是什么啊？

抖 抖 抖 抖

混合泳接力是什么啊？

请快点告诉我！

滑

转身

接力咯！

混合泳接力嘛，就是……

咕噜

4个人……

我也算吗？

没错。

坏笑

混合泳接力的顺序

① 仰泳

② 蛙泳

③ 蝶泳

④ 自由泳

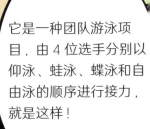

它是一种团队游泳项目，由4位选手分别以仰泳、蛙泳、蝶泳和自由泳的顺序进行接力，就是这样！

接下来的一个半月里，我会帮助大家学会所有泳姿。

我的训练方针是让所有人完美掌握4种泳姿。

翔太，先闭上嘴！

教练，我蛙泳比较行……

有一位是替补。

我？

但是，我们有5位选手呢。

好，下面开始练习自由泳——

我们队的自由泳就交给太一同学了，加油哟！

好的，美香教练！

至于让谁负责哪一种泳姿，我会赛前再决定。

放心吧，我是个靠谱的男人。最后的最后，说不定会有惊喜哟！

立正？

就叫它"单手立正姿游泳"吧！

那么，为了记住换气方法和手部动作，我们来练习用"立正姿"游泳！

抬起一只手臂。

站得笔直

立正！

没错。好，所有人，站好了。

看看她就知道了。

啊，完全不明白啊——

在水里，保持这个姿势踢水前进，旋转身体，脸面向一侧，嘴巴露出水面时就呼气、吸气。

嘟嘟 哎哎

●旋转身体,脸朝向一侧。

●游动时一只手臂始终放在身侧。

呼哧 呼哧

说起来容易做起来难……

不用向上转。

航平,脸和肚脐一起朝向水平方向就可以了。

咳

真的是在"立正姿"游泳!

来,试试吧。

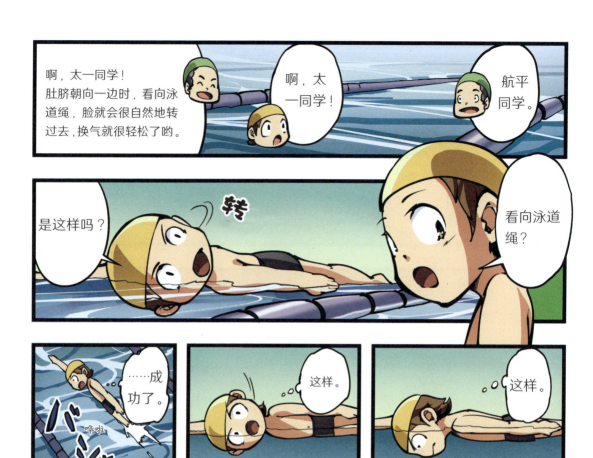

啊，太一同学！肚脐朝向一边时，看向泳道绳，脸就会很自然地转过去，换气就很轻松了哟。

啊，太一同学！

航平同学。

是这样吗？

转

看向泳道绳？

……成功了。

哗啦

这样。

这样。

我们队，这样真的没问题吗？

我就是不想和翔太组队！

我也一样！

我做到啦！

哗啦

就可以呼吸了。

这样

解说

练习坐姿打腿

合拢双臂，
练习浅打腿

第4章

请 快 来 战 一 下 吧 ！

在岸上练习
手臂动作

挑战单臂自由泳

掌握自由泳的
四肢动作和换气窍门

自由泳是速度上限最高的一种泳姿。

自由泳的基本功是浅打腿、手部动作和换气。

浅打腿的窍门，在于要弯曲整条腿去踢水。

手部动作，是用手掌触水、向后推水。

换气的方法，是旋转身体，让肚脐朝向水平方向，再呼吸。

从下一页开始，将依次讲解这些动作的具体方法。让我们一边
纠正错误，一边学习技巧，成为自由泳小健将吧。

观察并感受浅打水的要领，踢水时柔软弯曲整条腿

试试坐姿打腿吧！

这里是重点！
①脚腕伸直。
②脚背要有托住水的感觉。
③上踢时，膝盖伸直；下踢时，膝盖微微弯曲。

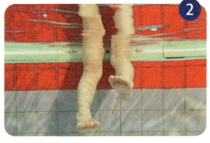

这里是重点！
双腿不要张开。踢水时两脚保持大脚趾近乎相碰的距离。

学会这些以后

你会直观地看到自己浅打水时的腿部动作，之后就能运用到实际练习中。

练习坐姿打腿时，看着自己的腿，来确认是否做到了以上几个重点吧。

练习方法 ·······························

① 贴着泳池边缘坐下，双手放在身体两侧【图❶】。

② 膝盖、脚腕保持伸直，双腿交替上踢【图❶、图❷】。

·····························

踢水时，要感受到双腿整体像鞭子一样柔软地弯曲，而不是单纯地弯曲膝盖。

如果做到踢水时双腿呈流线型弯曲，脚腕伸直，水就会向斜前方溅起。试一试吧！

练习掌握浅打水的技巧②

伸直手臂和身体，一边漂浮一边浅打水

试试扶池边打腿吧！

① 这里是重点！
打腿的幅度参考右图红线。

②

③ ④

这里是重点！
如右图，轻轻转动臀部，让脚踝自然摇晃。

学会这些以后

你会掌握浅打水的基本动作。将身体平直舒展，用坐姿打腿时记住的要领练习踢水吧。

练习方法

① 双手抓住泳池边缘，两腿匀速交替上下踢动【图❶、图❷】。练习时，保持下巴位于水面上方，眼睛看向前方约50厘米处。

② 习惯后，脚腕放松，轻轻转动臀部，感受踢水时脚腕的自然摇晃【图❸、图❹】。

掌握动作后，可以试着将手搭在浮板上，再练习浅打水游泳。与在第052页学习的动作相比，这种游法能前进得更轻松。

手臂伸直，身体呈一条直线，然后浅打水向前游吧

伸直双臂，试试浅打水游泳吧！

这里是重点!

手臂向前伸直，靠于耳后。

这里是重点!

浅打水时要拍打水面。

你会熟悉只用浅打水前进的感觉。尽量充分地伸展手臂和身体,让自己的姿势更优美一些吧。

练习方法

① 身体平直舒展，面部没入水下，浅打水向前游【图❶】。

② 在水下用鼻子呼气，面部抬出水面时吸气。

换气时，只需微微向上抬起面部，尽量不要让手臂下垂。

游泳时保持双臂伸直置于耳后的姿势，身体自然呈一条直线，漂浮也更加轻松。

如果身体下沉，检查一下自己游起来时手肘是否弯曲了，如果弯曲了，要及时伸直。

用『单手立正姿』游泳，
掌握换气的窍门吧

浅打水和换气的练习

试试用"单手立正姿"游泳吧！

这里是重点!
一只手臂向前伸直，另一只贴在身体一侧。

这里是重点!
转动身体，让肚脐朝向一侧，换气。

学会这些以后

你会熟悉自由泳的换气方法——是通过左右转动肩膀来换气,而不是转动脖子哟。

练习方法

① 一只手臂向前伸直，另一只以"立正姿"贴于身体一侧，浅打水向前游动【图❶】。伸直的手臂保持不动。

② 转动肩膀直至露出水面，嘴巴也露出水面时，吸气【图❷】。

③ 交换左右手姿势，继续练习。

换气时（图❷），面部朝向一侧，看向泳道绳，可以发出"噗哇"，用口吸气。

如果刚开始时有困难，可以先大幅度地转动身体来换气。

⑥ 从中指处入水

这里是重点！
❶用中指在头部前方的水面入水。
❷做❶的同时，另一只手臂向后划。

⑦ 另一只手臂重复 ③～⑥的动作

这里是重点！
入水的手臂继续向前伸出。

⑤ 向前收回手臂

这里是重点！
❶收回手臂时，转动肩膀，同时肘部向上高高提起。
❷指尖位置最好低于肘部。

④ 将水向远处推出

这里是重点！
手向远处推出后，出水。推水时手掌心要朝向内侧。

下水游泳之前，先观察和阅读上面的图片和文字，在岸边练习自由泳的手臂动作。

自由泳的手部动作主要分为以下**4**步。

①入水。

②手掌触水，抱水。

③向后推水。

④出水，向前收回。

无论是在水中还是岸上，练习手部动作时，首先都要用手掌和手臂"触水"，接下来，回想"抓水""划水""推水"，依次做出各个动作。

在第③步"推水"的时候，手臂要特别用力。使劲向后挥动手臂，将水向后推去。

手臂动作的练习

练习自由泳的手臂动作，
掌握『推水』的要领

① 双手在前方交叠

这里是重点！

❶ 两手向前伸出，手掌交叠。
❷ 手臂伸直，放于耳后。
❸ 面部朝向正下方。

② 用手掌和手臂入水，
抱水

这里是重点！

❶ 手指自然并拢，手掌和手臂触水，弯曲手肘，从身体下方抱水。

学会这些以后

这组动作可以为水下的实际练习做准备。保持面部朝下，眼睛朝上看，一边观察镜子里自己的动作，一边反复练习吧。

③ 用手掌和手臂推水

这里是重点！

❶ 拇指掠过大腿，将抱来的水向后推去。
❷ 手掌朝向后方。

一手伸直，一手划水，掌握手部动作和换气的要领

试试单臂自由泳吧！

① **这是重点！**
负责划水一侧的手臂，抓水后微微屈肘，向身体下方划动。

这是重点！
右臂伸直，左臂在右臂前方的水面入水

②

③ **这是重点！**
换气的同时肚脐朝向一侧。

学会这些以后

你会掌握手部动作和换气的要领。手臂要在用力抓水后向后划出，换气要和转动身体同时进行。

　　一只手臂保持向前伸直，只使用另一只手臂，按照自由泳的动作划水前进。

练习方法 ●●●●●●●●●●●●●●●●●●

① 划水一侧的手，要在另一只手前方的水面入水【图❶】。
② 用手掌抓水，向身体下方划动【图❷】。与此同时，身体和面部开始向同一侧转。
③ 身体旋转至肚脐朝向水平方向，换气【图❸】。

●●●●●●●●●●●●●●●●●●●●●●●●●

　　①和②是手部动作的练习，③是换气时身体动作的练习。

　　两只手臂交替练习，努力做到两边都能漂亮又熟练地完成动作吧。

手部动作和换气 练习①

一只手臂摆出『立正姿』，另一只手臂入水后，换气

试试"单手立正姿"自由泳吧！

❶

❷

👉 **这里是重点！**

右手入水、向前伸出时，转动身体，使肚脐朝向一侧，然后换气。

学会这些以后

你会掌握"手臂入水后，马上开始换气"这一要领。划水一侧的手在抓水后，要用手掌用力、干脆地划水。

练习方法

① 浅打水，左手以"立正姿"贴于身体一侧，右臂向上挥起【图❶】。

② 右手掌心朝下入水，转动身体，使肚脐朝向一侧，换气【图❷】。

③ 重复步骤①②。

在这个练习中，第②步尤其需要重点练习。

刚开始时上半身可能会稳不住，导致游不快，因此要注意手部动作，用力抓水，然后向身体下方划出。

用浅打水和狗刨式前进，抓住换气的时机

试试狗刨式划水吧！

你会掌握手部动作和换气动作之间的衔接方法。浅打水前进的同时，在两手臂分别伸至最前最后时进行换气动作。

在学习自由泳的空中移臂动作之前，先使用狗刨式的手臂动作，去寻找换气的时机吧。

练习方法

① 浅打水的同时，手臂在水中大幅度地前后划动【图❶、图❷】。手不要出水。

② 当两臂分别伸至最前、最后时，抓住这个时机，转动身体，开始进入换气动作【图❸】。

划水时，要用手掌抓水，再向后推出。

怎样掌握自由泳

标准泳姿下的转臂练习

学习标准的手臂动作吧
双手在前方合拢，保持姿势。

试试追赶练习吧！

这跟重点!
双手合拢后，数两下，开始转动之前向前伸的那只手臂。

这跟重点!
换气在推水的同时开始。
换气时，注意前面的手臂不要下沉。

学会这些以后

你将掌握标准的泳姿和手部动作。这个练习叫作"追赶练习"。将注意力集中在手臂上吧。

身体平直舒展，学习正确、有力的手臂动作。

练习方法 ·············

① 用"单臂自由泳"（参照第72页）的方式，向上移臂【图❶】。

② 伸在前方的手臂与①的手臂并拢，保持两秒不动【图❷】。

③ ②中入水的手保持伸向前的姿势不变，用另一只手臂划水，向上移臂【图❸】。

④ 两手在前方并拢【图❹】，两秒后，用刚才伸向前不动的手臂划水。

⑤ 重复步骤①~④。

游得更快、更轻松的窍门

自由泳是速度上限最高的一种泳姿。

在这种泳姿中，我们主要靠手臂划水的力度前进。因此，手部动作是至关重要的。

但是，对于初学者而言，充分练习浅打水也是必不可少的步骤。浅打水的功夫不扎实，就无法稳定地漂浮在水中，即使手臂有再大的力气也是徒劳。

请好好回顾这一章节的内容，练习时谨记要点，即浅打水时双腿的柔软弯曲和正确的手部动作。

如果换气有困难，可以着重练习第80页的"床铺上的浅打水练习"。转动身体，抓住游泳的窍门，换气也会变得越来越轻松。

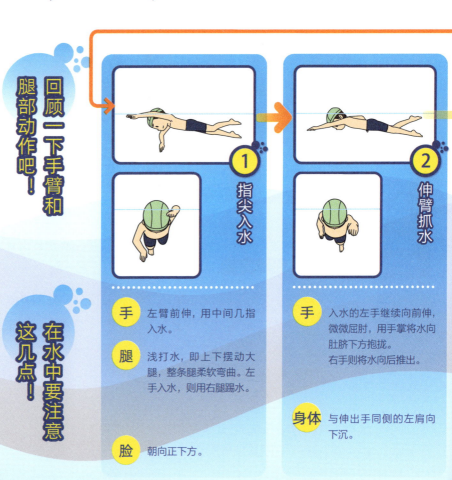

自由泳，完成！

再把每一个动作回顾一遍吧！复习一下，检查自己的掌握情况！

回顾一下手臂和腿部动作吧！

在水中要注意这几点！

1 指尖入水

手 左臂前伸，用中间几指入水。

腿 浅打水，即上下摆动大腿，整条腿柔软弯曲。左手入水，则用右腿踢水。

脸 朝向正下方。

2 伸臂抓水

手 入水的左手继续向前伸，微微屈肘，用手掌将水向肚脐下方抱拢。右手则将水向后推出。

身体 与伸出手同侧的左肩向下沉。

这里是重点!
抓住大幅转动肩膀的时机，换气。

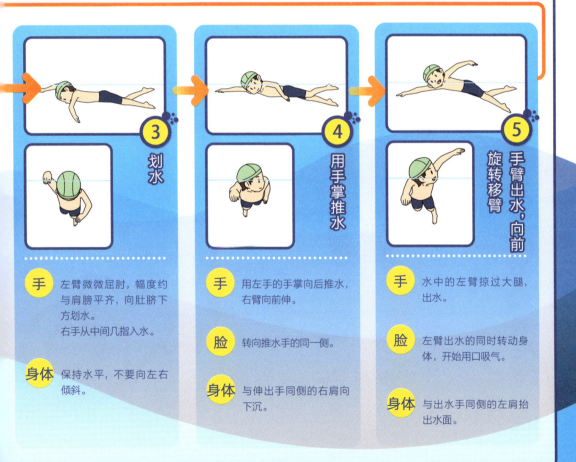

③ 划水

手 左臂微微屈肘，幅度约与肩膀平齐，向肚脐下方划水。
右手从中间几指入水。

身体 保持水平，不要向左右倾斜。

④ 用手掌推水

手 用左手的手掌向后推水，右臂向前伸。

脸 转向推水手的同一侧。

身体 与伸出手同侧的右肩向下沉。

⑤ 手臂出水，向前旋转移臂

手 水中的左臂掠过大腿，出水。

脸 左臂出水的同时转动身体，开始用口吸气。

身体 与出水手同侧的左肩抬出水面。

想要请教您！
森教练！

Q Question

自由泳时，只会从右边换气，左边总是做不好，怎么办呢？

如果有一侧不会换气

噗哇！

① 在吸足气之前，将身体充分展开

左！

左！

② 游泳时只用不擅长的一侧换气

MANGA SWIMMING PRIMER

在转向左侧换气时，试试将身体充分展开，直至朝向上方。在吸足气前，不要将身体转回。

也可以在游泳时只用左侧换气。

如果这一侧的换气也没问题了，说明你已经掌握身体左右两侧动作的平衡，也能游得更快了。

接下来，努力地反复练习吧！

Answer A

将身体大幅度展开，直至朝向上方。也可以在游泳时只用左侧换气，不停强化练习。

在家也能做的

四肢动作衔接

练习

MANGA **SWIMMING** PRIMER

以最大幅度挥动手臂，脚向前迈出一步。反复练习直到熟练吧。

在镜子前练习自由泳的手部和腿部动作吧

 左臂向上伸出，右脚迈出。

 左脚抬起，同时右臂自前向后上挥，左臂放下。

 右臂向前伸出，同时左脚向前迈出一步。

右手摆出预备入水的姿势。

右手入水，左脚摆出下踢姿势。

　　参照上面的图片，在镜子前练习四肢的动作吧。自由泳中，与入水手相反一侧的腿下踢，是一个基本动作。右臂向前伸出后，左脚向前迈出（以准备踢水的姿势）。同样，左臂伸出后，再迈出右脚。熟练做会这个之后，在水中就能找到正确的游泳节奏了。做完步骤❸后，再接着伸出左臂，迈出右脚，从步骤❶开始重复吧。

079

浅打水不是用膝盖踢水，而是要让双腿像塑料软垫一样，通过柔软地弯曲整条腿来踢水。

在家也能做的

浅打水和转体

练习

MANGA SWIMMING PRIMER

试试在床铺上练习浅打水和转体吧

在床铺上做浅打水

额头贴在床铺上。坚持做20秒。

头、手臂、腿悬空，翻滚一圈

向左、向右分别翻滚一圈为1组，做3组。翻滚时转动整个身体，不要用四肢助力。

　　如上面的步骤①所示，试着在床铺上练习20次浅打水吧。动作的要领是充分伸展双腿直至脚尖，整腿轻轻上下踢动。

　　②是左右转体的练习，帮助你掌握游泳的节奏。自由泳本来就是凭借左右转体和四肢动作前进的。这组练习可以帮助你掌握如何配合手臂动作和换气进行转体。

放下胳膊时，是在身体侧面转动吗？

观察得很仔细！因为在水中，如果朝着后方，也就是水深处划水，力气就使不出来。

等你学会这个，就能和她游得一样好了。

仰泳的旋臂方法

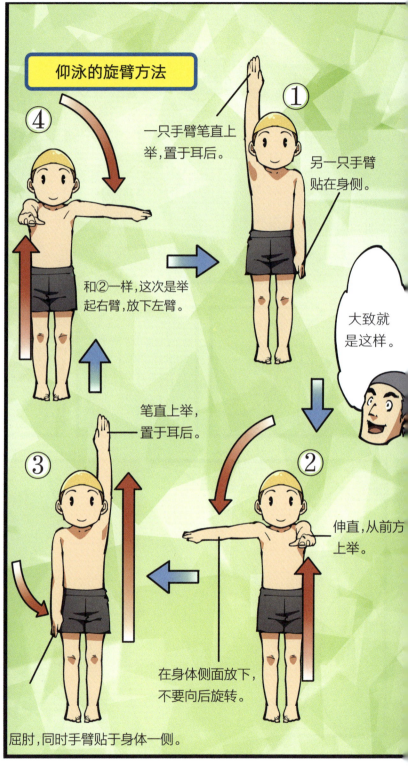

④ 和②一样，这次是举起右臂，放下左臂。

① 一只手臂笔直上举，置于耳后。

另一只手臂贴在身侧。

大致就是这样。

③ 笔直上举，置于耳后。

② 伸直，从前方上举。

在身体侧面放下，不要向后旋转。

屈肘，同时手臂贴于身体一侧。

举起与入水手相反一侧的手臂，就能顺畅地在水中游动了哦。

今天晚上吃什么呢？

我仰泳游得真的好烂啊——

拜托，饶了我吧——

我天天跟田所教练顶嘴，这次比赛，他很可能会让我游我最不擅长的仰泳。

吃汉堡肉怎么样？

城北游泳学校

哎？啊，什么？

算了，还是吃俄罗斯酸奶牛肉吧。

小早纪，怎么才能游好仰泳呢？

你问窍门……

想要学好仰泳，有什么窍门吗？

小早纪真是个"不可思议星人"。

小早纪，又沉浸在自己的世界里了。

我只是特别享受躺在云上的感觉。

コ〜

呼呼

小早纪，你为什么这么喜欢仰泳呀？

嗯……因为经过练习后，最擅长的就是仰泳。

但是，仰泳时脸不用沉到水里，所以我特别喜欢。

这样就不害怕啦。

做得很棒嘛！

最开始，我是很怕水的。

什么嘛

しら～

我也是！！

哗啦

我原来有天赋！！

之后，田所教授表扬了我，我就越发来劲。

但在练习中慢慢有了进步，受到夸奖，所以就喜欢上了仰泳。

确实是小早纪的风格呢。

比如头撞到池壁、被泳道绳缠住之类的。

咚

ゴッ

缠住

グチャ

强忍着笑

虽然练习仰泳时也有各种各样的糗事。

说起来，还从来没见过田所教练游泳呢！

确实！

田所教练，肯定有一段黑暗的过去。

咦——？

难道田所教练，其实就根本不会游……

然后，在他确定再游最后5米就能得到第一名的时候……

嘿呀

田所教练年轻时，是一位游泳名将，在混合泳接力赛里负责最后一棒的自由泳。

太好了，第一！

什么什么？

他的秘密肯定和那个"V形手"有关。

咔嚓

什么什么？

嗯嗯。

我知道了！

一定是他在比赛前太紧张了。

绝对不——可——能！

Yes

在水中得意地摆出了"V形手"，结果被其他选手赶超了！

这种事情，怎么可能嘛！

反面

没发现自己把泳裤穿反了！

是何方神圣？

田所教练究竟……

练习仰姿浅打水

练习转肩游泳

请 快 来 挑 战 一 下 吧 ！

练习手臂动作

练习呼气吸气

第5章

掌握仰泳的四肢动作和换气技巧吧

学习完自由泳，接下来就到仰泳了。

之所以把仰泳放在自由泳之后学习，是有原因的。其实，仰泳和自由泳就是相反的两种泳姿，所以如果掌握了自由泳，仰泳也能很快学会。

另外，仰泳不需要把脸部浸入水中，所以怕水的同学也可以从仰泳开始学习。

即使你还没能很好地掌握自由泳，也不用担心。按照接下来的内容反复练习，你也能和漫画中的小早纪游得一样好哟。

从大腿根部开始踢动整条腿

脚上踢时，用脚背将水向上托起

试试伸臂浅打腿吧！

这里是重点！
❶下巴抬起。
❷身体保持笔直。

这里是重点！
❶肩膀转动，至下巴前方。
❷上踢时，膝盖微微弯曲，用脚背将水向上托起。

水下视角

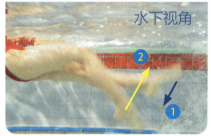

学会这些以后

你将会掌握仰泳的腿部动作。将自由泳中的浅打水动作用在仰姿中。

游泳时，手臂要伸直，身体仰面朝上漂浮。

练习方法 ••

① 双臂交叉于耳后，背部挺直【图❶】。

② 仰面朝上，依靠打腿前进【图❷】。

•••

打腿时，要从大腿根部开始踢动整条腿，同时，上半身要尽量保持不动。

将手肘和肩部收紧，手臂伸直，就能轻松地漂浮在水上了。

怎样掌握仰泳

转肩打腿练习

摆好『立正』姿，在打腿的同时交替转动双肩

试试旋转身体吧！

①

这跟重点！
❶转动肩膀至下巴前方。
❷打腿时两脚的大拇指尽量靠近，就能笔直前进。

②

这跟重点！
❶看向正上方，头部保持不动。
❷肩部大幅度摆动。

学会这些以后

你将能够在轻松换气的同时快速前进。打腿时，配合肩膀的转动，让臀部也摆动起来吧。

练习方法

① 手臂贴在身体两侧，摆出"立正"姿势。

② 仰姿打腿游动，两边肩膀交替转动（转体）【图❶、图❷】。

轻轻摆动臀部，肩部向前转动的同时，同侧腿上踢，另一条腿下踢，脚掌将水向下压。

特别提示！

不要将双肩缩起来。让肩膀放松下来吧。

一只手臂伸直，肩膀露出水面，打腿前进

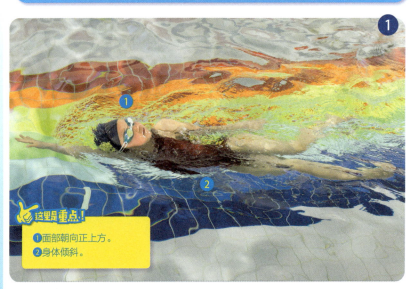

这里是重点！
❶面部朝向正上方。
❷身体倾斜。

水下视角

你会做到身体笔直，掌握优美的仰泳姿势。手臂和膝盖也要伸直！

在这组练习中，我们要做出仰泳中上举的那只手臂入水时的动作，并保持这个姿势来练习，即"侧身打腿"练习。

练习方法

① 一只手臂伸直，置于耳后。

② 保持用步骤①做出的姿势，倾斜身体，打腿前进【图❶】。

③ 换另一侧练习。

只要保持手肘不弯曲、手臂笔直地与肩平齐，就能径直向前游动了。

怎样掌握仰泳

划水手在身体侧面旋转
左右臂朝着相反方向旋转

转臂练习

在岸上练习手臂动作吧!

❶ 右手在上,左手在下

❹ 右手在下,左手在上

❷ 右手在侧,左手在前

❸ 右手在前,左手在侧

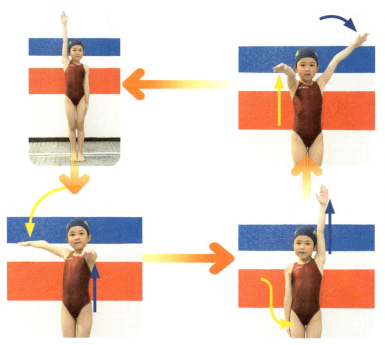

学会这些以后

你会掌握仰泳的正确转臂方法。刚开始,在做步骤①~④的动作时,每做一个步骤都要停下来检查自己做得是否标准。

练习方法

① 左臂放在身体一侧,右臂放在耳后,笔直上举【图❶】。

② 左臂抬至身体前方,划水的右臂在身体一侧旋转【图❷】。

③ 左臂置于耳后,笔直上举,划水的右臂手肘弯曲,放下【图❸】。

④ 同样地,轮到左臂划水,则左臂在身体一侧旋转,右臂抬至身体前方【图❹】。

⑤ 重复步骤①~④。

不必在意实际在水中时的其他动作细节,先练熟手臂的旋转方法吧。

以单臂仰泳的姿势熟悉抓水和推水的动作

水下视角

水下视角

一只手臂放在身体一侧，靠打腿和另一只手臂划水前进。

你会掌握仰泳中抓水、划水、推水的正确动作。

练习方法

① 手臂向上抬起，旋转【图❶】。

② 将抬起的这只手臂伸直，贴着耳朵后继续向后旋转【图❷】。

③ 从小指入水【图❸】，在水中伸臂。

④ 继续旋臂并微微屈肘，当手掌朝向后方时开始抓水【图❹】、划水，向臀部下方推水。

做步骤③~④时，注意也要转肩（见第93页）。

练习在水中更加熟练地旋臂

试试脚踏车式划水吧！

1 只用右臂划水2次

2 只用左臂划水2次

学会这些以后

你会掌握左右手动作的平衡，能更好地抓住划水时机。

练习方法

① 一只手臂做"立正姿"，放在身体一侧，只用另一只手臂划水2次【图❶】。

② 两手交换，同样，一手放在身侧，另一手划水2次【图❷】。

③ 左边2次→右边2次→左边2次→右边2次，按照这个循环，左右手不断交替进行动作练习。

在做步骤③的左右手交替练习中，交换划水手时，一只手臂入水后，另一只手臂要立刻出水。

举起手臂后用口吸气，划水时用鼻子呼气

试试双臂仰泳吧！

① 用嘴巴吸气

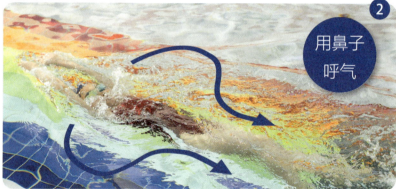

② 用鼻子呼气

你会掌握换气的窍门，熟悉手臂笔直抬起、笔直入水的动作。

练习方法

① 两只手臂向上举起，与身体宽度平齐。同时，用嘴巴短促地吸气【图❶】。

② 手臂入水，划水，同时，用鼻子长长地呼气【图❷】。

③ 重复步骤①②。

由于是两只手臂同时旋转，所以一开始可能很难向前游动。

在将手臂向上旋转的同时，双腿用力踢水，双手入水后用力抓水，就能平稳地前进了。

练习掌握换气时机

两手相碰时吸气，头部下沉时呼气

试试两手相碰吧！

① 左臂抬起并保持住　用嘴巴吸气

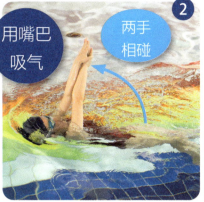

② 两手相碰

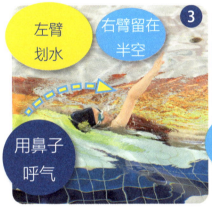

③ 左臂划水　右臂留在半空　用鼻子呼气

④ 左臂留在半空　右臂入水

学会这些以后

你会掌握换气的技巧，即在头部下沉时用鼻子呼气，头部浮起时用嘴巴吸气。这就是"两手相碰"的练习。

练习方法

① 左臂保持上举姿势游动【图①】。

② 右手出水，与左手相碰，同时用嘴巴吸气【图②】。
右手留在半空，左手入水。

③ 左臂入水后划水，同时用鼻子呼气【图③】。
左手出水后再与右手相碰，同时用嘴巴吸气。

④ 左手留在半空，右臂入水、划水，同时用鼻子呼气【图④】。
如此重复练习。

如果不能熟练地用鼻子呼气，鼻腔进水后会非常难受。若能找对换气的时机，鼻腔就不会进水了。

仰泳，完成！

游得更快、更轻松的窍门

仰泳时不需要将面部没入水下，因此换气是很容易的。但是，在学习的过程中，也会常常出现令人烦恼的状况，如面部浸到水里、鼻腔进水、换气困难等。

想要做到流畅地换气，我们需要让身体平稳漂浮，并用有力地打腿驱动身体前进。同时，要找准吸气和呼气的时机。

如果你的腰部总是下沉，就请回到第32页再次阅读大字漂练习的相关内容，复习漂浮的技巧吧。

在打腿时，要抓住窍门，一是弯曲双腿，二是脚上踢时要努力用脚背将水托起。

换气的时机，是在抬起手臂时用嘴巴吸气，划水时用鼻子呼气，建议反复练习第98页、第99页和第104页的内容来熟悉和掌握。

把每一个动作都回顾一遍吧！复习一下，检查自己的掌握情况！

回顾一下手臂和腿部动作吧！

在水中要注意这几点！

①手臂入水

手 右手手掌朝外，从小指入水。

这里是重点！ 指尖从肩膀上方的水面入水。

脸 看向正上方。

②伸直身体，抓水

身体 在水中伸直。

手 转肩的同时右臂朝前伸，微微屈肘，用手掌抓水。

呼吸 左臂出水后，"噗哇"一声用嘴巴吸气。

这里是重点!
一边转肩一边向上旋转手臂，并顺势入水。

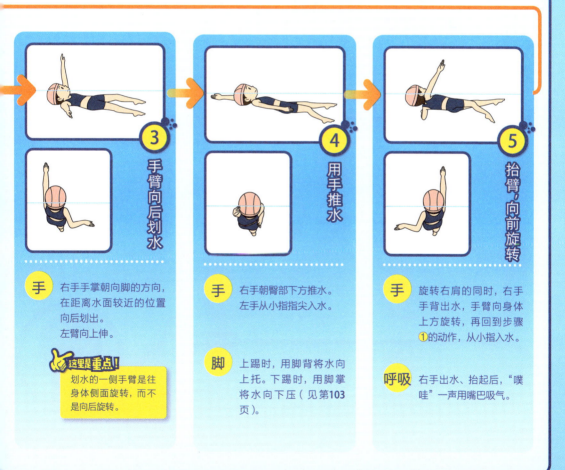

③ 手臂向后划水

手 右手手掌朝向脚的方向，在距离水面较近的位置向后划出。
左臂向上伸。

这里是重点!
划水的一侧手臂是往身体侧面旋转，而不是向后旋转。

④ 用手推水

手 右手朝臀部下方推水。左手从小指指尖入水。

脚 上踢时，用脚背将水向上托。下踢时，用脚掌将水向下压（见第**103**页）。

⑤ 抬臂，向前旋转

手 旋转右肩的同时，右手手背出水，手臂向身体上方旋转，再回到步骤①的动作，从小指入水。

呼吸 右手出水、抬起后，"噗哇"一声用嘴巴吸气。

101

想要 请教您! 森教练!

在仰泳中,脸沉到水里也没关系吗?
鼻子里进水很难受呀……

换气的时机

在将水推出的同时
用鼻子呼气

手臂出水后,
用嘴巴吸气

鼻子进水,可能是背没有挺直或腰部下沉造成的。

换气的时机没有掌握好,也会导致鼻子进水。首先,要让身体呈一条直线,然后,如左图所示,努力配合手臂动作找准吸气和呼气的时机吧。

在自由泳和仰泳中,都是在吐气时推水,要记住这一点哟。

Answer A

配合旋臂的动作,在正确的时机呼气和吸气吧。

Question

在仰泳中，每旋臂一次，对应地要打腿几次呢？

配合旋臂打腿

1 左手入水后，左腿上踢

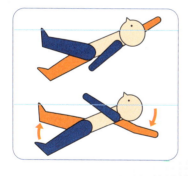

2 右手入水后，右腿上踢

MANGA SWIMMING PRIMER

在仰泳中，每一次旋臂期间，一般要打腿六次。

但是，先别急着数数，首先要配合手臂动作，掌握正确的上踢动作。一只手臂入水后，身体向入水手的同侧倾斜，同时，同侧的腿微微朝内侧上踢。

另一条腿则是下踢，要用脚掌将水向下压。双腿做动作时，要与腰部的宽度平齐。

Answer A

六次。但是，首先要配合手臂动作，掌握正确的上踢动作。

只要能配合手臂动作掌握正确的换气节奏，就不会出现呛水、身体下沉的状况了。

手臂动作和换气

练习
MANGA **SWIMMING** PRIMER

试试手碰到大腿时将气吐尽，在旋臂的过程中吸气吧

躺在床铺上	❶转动左右手臂	❷左手贴在大腿上	❸转动左右手臂	❹左手手背贴在床铺上

	吸	呼	吸	呼
左手手背贴在床铺上，右手贴在大腿上。	左臂伸直伸向一侧，右臂伸直伸向上方。	右臂旋转至头顶，手背贴在床铺上。	左臂伸直伸向上方，右臂伸直伸向一侧。	右臂向下旋转，贴在大腿上。回到初始❶的姿势。

在仰泳中，只要能掌握手臂动作和换气的时机，就能又快又轻松地游起来了。按照上面的解说，试着在家里躺在床铺上，做手臂动作和换气的练习吧。

呼气时，要用鼻子将长长的一口气吐尽。而吸气时，重点在于要"噗哇"一声，用嘴巴快速而短促地吸气。练习时要把握好这个节奏哟！

第6章

怎样掌握蛙泳

漫画

田所教练的秘密

喂，航平。之前的事，你怎么看？

毕竟……

啊，肯定是假的吧？

偷听

就是关于田所教练可能根本不会游泳的传言啦。

竖起

之前的什么事？

?

?

?

嗯……田所他啊——

梨花，明天，妈妈也想去泳校参观参观。

爱比"V"的那个？

妈妈，你认识他？

梨花，你在泳校的教练是田所吗？

好，让我来看看田所教练在哪里呢——

第二天

好好干哦——

一定一定能听见，竟然能听见，

找到了！

瞄准

ロックオン ピピピピ
滴滴滴滴

今天我们来练习蛙泳。

是我——

嘿嘿，你的绫前辈！

田所——！

谁啊？真是的。

蛙泳的重点，在于要用脚掌把水蹬出去……

快跑！

ビョン
扑通

那是你妈妈？

我妈妈吗？

啊？难道是曾经的全国冠军绫小路？

啊，小美香！上次见面还是在全国赛的合宿吧？

鞠躬

咕噜 ブク

咕噜 ブク

绫小路前辈，好久不见。

真怀念啊——都过去十年了。

妈妈以前是游泳选手这事，你知道吗？

完全不知道！而且还是全国赛？

招牌动作也是那个时候开始的。

噗噗

我的目标是冠军！

哎？

当时，田所是世界青年游泳锦标赛的热门候选人，本人也自信满满。

咔嚓 パシャ

咔嚓

泳裤，穿反了吧？

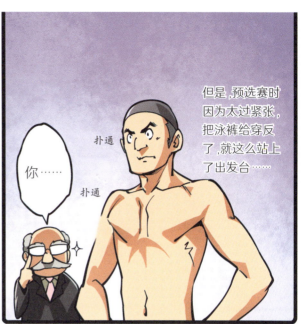

但是，预选赛时因为太过紧张，把泳裤给穿反了，就这么站上了出发台……

你……

扑通

扑通

从那以后，我就再没听说过关于你的消息，很是担心啊。现在看着很精神嘛。

把泳裤

穿反了！

竟然猜中了！

没问题！

啊，回到状态了。

再游一次蛙泳给我们看看吧！

航平……

教练！

我实在割舍不了对游泳的热爱……

咕噜

咕噜

好厉害！
太帅了！

哗啦

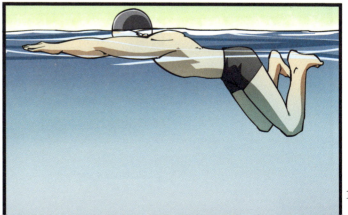

是哪里不会呢？

……

教练，我想学蛙泳！

哗啦

扭

扭

蛙泳的脚部动作，和其他泳姿不太一样。

坐姿打腿？

这样啊。翔太同学，可以好好练习一下坐姿打腿（见第116、117页）。

脚的动作，我不是很明白。

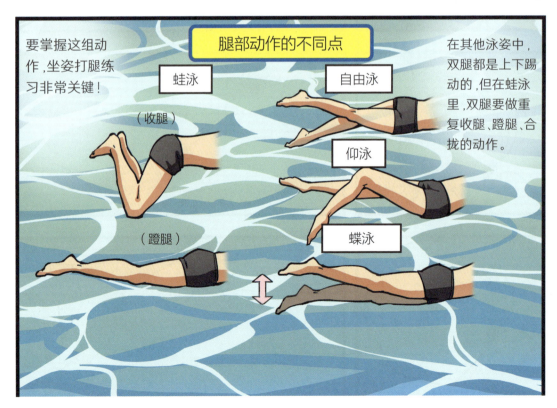

腿部动作的不同点

要掌握这组动作，坐姿打腿练习非常关键！

在其他泳姿中，双腿都是上下踢动的，但在蛙泳里，双腿要做重复收腿、蹬腿、合拢的动作。

蛙泳

（收腿）

（蹬腿）

自由泳

仰泳

蝶泳

①并拢脚跟

很好，航平同学，做得很标准！

好的！

好——我们来复习一下坐姿打腿吧。首先，坐在泳池边，要靠前坐一点。看着自己的腿，打开膝盖，同时将脚跟向内并拢。

②弯曲脚腕

没错，很棒！

教练，是这样吗？

和穿着鞋子时一样，脚腕要弯曲。

翔太同学，是这样。

然后，一边并拢膝盖一边画圆。

③用脚跟做画圆的动作

嗯哼。

保持这个姿势，用脚跟画圆。英一同学，做得很对！

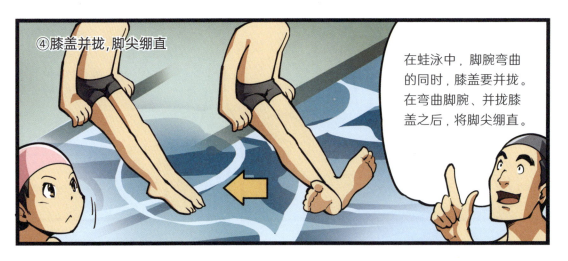

④膝盖并拢,脚尖绷直

在蛙泳中,脚腕弯曲的同时,膝盖要并拢。在弯曲脚腕、并拢膝盖之后,将脚尖绷直。

照这个方法试试吧!

没错!如果在水中也能做好这个动作,游起来就没问题了。

耶!

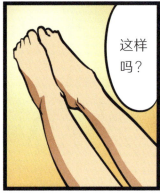

这样吗?

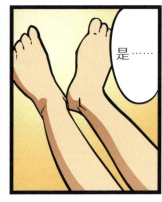

是……

真厉害啊!

吱嘎

田所教练。

听教练说,之后的扶池边打腿练习(见第118 ~ 119页)也很重要呢。

没想到,坐姿打腿竟然这么重要。

城北游泳学校

嘟嘟嘟

ブ口ロ

用手扶着池壁
练习打腿

以"立正姿"练习
蛙泳打腿

请 快 来 挑 战 一 下 吧 ！

第**6**章

四肢动作和换气技巧

掌握蛙泳中的

在岸上
练习手臂动作

用腿夹住浮板
做打腿练习

久等了！终于轮到学习蛙泳了。

蛙泳的打腿和自由泳、仰泳不太一样。在蛙泳中，基本的打腿动作是将脚跟向臀部收拢，再向正后方踢出。

所以，我们需要练习坐姿打腿和扶池边打腿。用心练习腿部动作，抓住蛙泳的打腿窍门吧。

如果换气有困难，可以在岸上配合手臂动作进行练习。别忘了，要"噗哇"一声之后再吸气。

 **脚腕伸直**

❶ 在脚腕伸直的瞬间数"四"。

四

 **合拢膝盖,双腿并拢**

❶ 脚腕保持弯曲。
❷ 在双腿并拢的瞬间,"三"才数完。

二三

 **用脚跟蹬水,画圆**

 这里是重点!

❶ 脚腕保持弯曲。
❷ 用脚掌将水向外蹬出。
❸ 在开始蹬水时,拖长音数"三"。

三——

怎样掌握蛙泳

池边坐姿打腿练习

一边观察自己的动作，一边数着『一，二，三，四』来做打腿练习

试试坐姿打腿吧！

一

① 膝盖打开，脚跟并拢

👈 **这里是重点！**

❶贴着泳池边缘坐下。
❷将原本张开至与肩同宽的脚跟并拢，数"一"。

二

② 弯曲脚腕，脚尖向外展开

👈 **这里是重点！**

弯曲脚腕，将脚尖向外展开后，数"二"。

学会这些以后

你将会熟悉蛙泳的打腿(腿部动作)。注意要用脚掌将水向外蹬出。

蛙泳的一个要点，是在踢水时用脚掌将水向外蹬出。首先，观察自己的动作，看看自己是否做对了步骤①～⑤的动作和对应的几个要点吧。

腿部的动作要讲究节奏。

收拢脚跟时数"一"，打开膝盖、展开脚尖时数"二"，双腿伸直、并拢时数"三"，脚尖并拢时数"四"，像这样一边数数一边做动作，努力掌握正确的节奏吧。

在步骤③中，要用脚跟画出小小的圆。

步骤⑤一定要认真做。做好了，就能有效提高游泳的速度。

④ 合拢膝盖，
双腿并拢

👉 这里是重点！
❶ 在双腿并拢的瞬间，"三"才数完。
❷ 脚腕保持弯曲。

一　三

👉 这里是重点！
❶ 蹬水时，脚腕仍然是弯曲状态。
❷ 参照"小鸟坐"（见第126页）的姿势，膝盖要朝向内侧，然后再蹬水。

○

特别
提示！

如果脚腕伸直，就无法正确地向后方蹬水了。

③ 用脚跟蹬水，画圆

👉 这里是重点！
❶ 脚腕保持弯曲。
❷ 开始蹬水时，拖长音数"三"。

三　一

游泳前的水中打腿练习

脚腕保持弯曲在水中数着『一，二，三，四』来练习

试试扶着池边做屈腕打腿吧！

① 双腿并拢，脚腕伸直

这里是重点！

❶脚腕伸直。
❸从第二次开始，脚腕每次伸直的瞬间数"四"。

四

② 弯曲脚腕，同时脚跟向臀部收拢

这里是重点！

收拢脚跟后数"一"，脚尖向外展开后数"二"。

一。

二。

学会这些以后

你将熟悉水中的打腿方法。一边按照节奏数出"一，二，三，四"，一边来练习吧。

这组练习中，我们要到水中实践坐姿打腿的腿部动作，所以要和坐姿打腿一样按照节奏来做。

在步骤①→②中，要收拢脚跟，同时弯曲脚腕。收腿后，两膝盖约与肩膀的宽度平齐。

在步骤②→③中，保持脚腕弯曲，用脚跟画圆，直到步骤④的蹬水动作结束前，脚腕都要一直保持弯曲状态。

屈腕打腿是蛙泳的一个基本动作。反复练习吧！

练习掌握正确的打腿技巧

收腿、蹬腿时保持膝盖与肩同宽练习有力的打腿

试试扶住浮板打腿吧!

👆这里是重点!

收腿时,两脚跟之间的距离越近,游泳的速度越快。

①

②

👆这里是重点!

膝盖伸直后,就合上膝盖、并拢双腿。

你会掌握正确的腿部动作。无论收腿还是蹬腿时,膝盖之间的距离都要与肩宽平齐。

在这组练习中,我们要用扶池边打腿(见118~119页)中的动作练习游泳。

练习方法 ••••••••••••••••••••••••

① 将手臂放在浮板上,用扶池边打腿的动作前进,弯曲脚腕,同时收拢脚跟【图❶】。

② 保持脚腕弯曲,向后方蹬腿,然后合上膝盖,并拢双腿【图❷】。

••

如图❶,在收腿时,膝盖之间的距离不超过双肩的宽度,就能顺利地前进了。

想要
请教您!
森教练!

Question

我不太懂应该怎样"用脚掌蹬水",怎么办呢？

如何"用脚掌蹬水"

① 脚腕保持弯曲，双腿用力蹬出

并拢

② 脚腕保持弯曲，双腿并拢

伸直

③ 双腿并拢的同时，脚腕伸直

如果不明白怎样用脚掌蹬水，可以试着练习扶池边打腿和浮板打腿，留意上半条腿的动作。

如果腰部容易下沉，一开始可以使用浮腰来辅助练习。只要掌握了上半条腿的正确动作，就离学会"用脚掌蹬水"更近了一步。

双腿并拢后，两腿之间夹住的水会产生一个前进的力。

Answer A

试试在脚腕保持弯曲的同时用力蹬腿，双腿并拢后再伸直脚腕。

121

打腿→身体平直舒展→抬头吸气→头部回到原位并打腿

这是重点!

打腿时脸朝下。

这是重点!

打腿后将身体平直舒展，就能提高蛙泳的速度。

噗哇

吸

这是重点!

抬头的幅度尽量小些。

学会这些以后

你会明白如何掌握蛙泳中蹬水和换气的时机。

练习方法

① 以"立正姿"做第118～119页的扶池边打腿动作【图❶】。

② 蹬水结束后，将身体平直舒展【图❷】。

③ 感受身体的前进，同时收腿，抬头，吸气【图❸】。

④ 头部快速回到水中，打腿【图❹】。

⑤ 重复步骤①～④。

抬头吸气【图❸】时，幅度要尽量小些。做好这一点，就能游得又快又漂亮了。

伸臂换气的练习

向前伸出手臂，抓住打腿和换气的时机

试试伸臂打腿吧！

这里是重点！
❶双手交叠，靠近水面。
❷腿部动作和扶池边打腿时相同。

这里是重点！
稍稍放低手臂，换气。

学会这些以后

你会在这个更加接近标准蛙泳的姿势下，熟悉换气和打腿之间的动作衔接。

练习方法

① 手臂向前伸直，双手手掌交叠，其他动作和"立正姿打腿"（见左页）练习时相同，向前游动【图❶】。

② 换气后，头部迅速入水，打腿【图❷】。每打腿一次，换气一次。

③ 重复步骤①②。

换气时，双手轻轻压水，注意不要下沉太多【图❷】。
抬头的幅度要尽量小。
蹬水后，双腿并拢，身体呈一条直线后，再进入换气动作。

按照节奏向前伸臂、大幅度旋臂、在前方合拢双臂

在岸上练习手臂动作吧!

① 双臂展开至两手距离大于肩宽

一。

这里是重点!
手掌朝下。

③ 合拢手臂,低头

三。

停顿

这里是重点!
保持姿势1~2秒。

② 大幅度旋转手臂,在胸前合拢双手

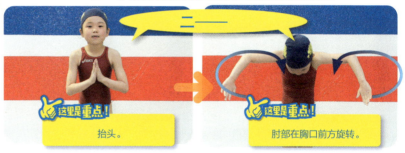

二—

这里是重点!
抬头。

这里是重点!
肘部在胸口前方旋转。

你会掌握蛙泳的手部动作技巧。做动作的同时"一,二,三"地数出节奏,反复练习。

参照上面的步骤①~③,多练习几组手臂动作吧。和之前的练习一样,可以一边做一边大声地数出"一,二,三"的节奏,这让练习变得更有趣味。

下水游泳时,这几个动作就分别变成:①手臂入水,抓水;②将抓来的水向内抱,衔接换气动作;③身体平直舒展,向前滑行。

在②中,手部动作就像是在画一个大大的爱心。

②中的抬头动作,也就是换气。

四肢动作配合练习

用手臂画心形的同时抬起、放下脚跟

来练习四肢动作的配合吧!

学会这些以后

你会掌握手臂动作和收腿动作的相互配合。

在蛙泳中,上下肢动作的配合非常重要。下水前,先在岸上练习一下试试吧。

练习方法 ··

① 双臂伸展,微微张开至两手距离略大于肩宽,数"一"【图❶】。

② 旋转双臂画出心形,到胸前时双手合拢,数"二"【图❷~❹】。此时,当旋臂至手掌朝向内侧时,开始抬起脚跟【图❸】,当双手合拢时,脚跟抬高至臀部【图❹】。

③ 手臂向上伸直的同时,脚跟贴地,数"三"【图❺】。

游泳时将大腿合拢，学习后方打腿

试试夹住浮板打腿吧！

浮板

这里是重点!!

蹬水时想象"小鸟坐"的姿势。

学会这些以后

你会掌握蛙泳中重要的"用腿夹水"动作。在蛙泳中，仅仅靠蹬水是难以前进的。

模仿"小鸟坐"的姿势，向正后方蹬水，就能顺利地向前游了。

练习方法 •••••••••••••••••••••••••••

① 用大腿夹住浮板，收腿【图❶】。

② 夹紧浮板，保持脚腕弯曲，向后蹬水【图❷】。

③ 仍然夹紧浮板，脚腕伸直【图❸】。

这种练习方法会让速度慢下来，但不用慌张。等练到取掉浮板后，也能做出同样的打腿动作时，你会比之前游得更快哦。

 Question

教练说蹬水时"双腿不能打开太开",可打开到什么程度才合适呢?

怎样避免"张得太开"

脚跟向内扣

① 收腿时,两膝的距离应与肩同宽

② 模仿"小鸟坐"的姿势,双腿蹬出时膝盖内收

蹬水结束后,大腿并拢。

③ 夹水,双腿并拢,脚腕伸直

如果双腿张得太开,大腿受到的阻力就会变大,从而导致身体难以顺畅地前进。

在蛙泳中,如图所示的蹬水方法是最理想的。重点在于步骤②,即模仿"小鸟坐"(见左图)的姿势,蹬水时并非张开双腿,而是向外张开脚尖。如果能学会"小鸟坐"蹬水,你的脚趾就会自然向外张开,大腿有力地夹水,你就能畅快地前进了。

请参照第133页的练习去做。

Answer

收腿时,两膝距离与肩同宽,两脚跟的距离略小于肩宽。

127

掌握打腿、划水和换气动作的配合

试试"3打1划"吧！

1

打腿

打腿

打腿

手臂向前伸直

打腿3次

（蹬水3下）

这里是重点！

要用力地打腿。

2

划水

划水1次

（做1次划水加换气的动作）

3

噗哇

吸

学会这些以后

你会掌握蛙泳中打腿、划水和换气动作的衔接与配合。

你会掌握蛙泳中打腿、划水和换气动作的衔接与配合。

在这组练习里，我们要将之前练习过的打腿、划水和换气动作应用到游泳实战中。

我们来做三组练习。首先将注意力集中于打腿，然后再慢慢掌握划水和呼吸的时机。

先做上面的"3打1划"的练习吧。每一次打腿，都有力地用脚掌将水蹬出，重复3次后，再做1次划水和换气动作。重复这组动作，向前游25米。

接下来的25米，来做左上方的"2打1划"练习。这25米，要按照"3-2-1式"来游。

试试"2打1划"吧!

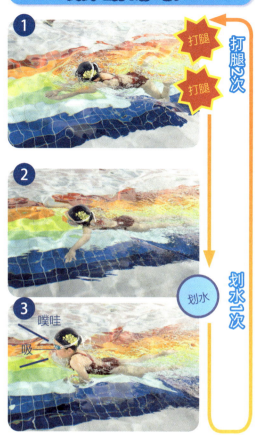

打腿2次 打腿 打腿

划水1次 划水

试试"3-2-1式"吧!

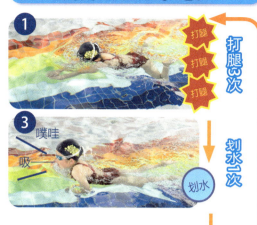

打腿3次 打腿 打腿 打腿

划水1次 划水

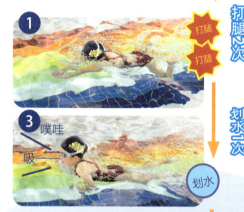

打腿2次 打腿 打腿

划水1次 划水

打腿一次 打腿

划水1次 划水

换气的话，在每一组练习中都按照以下的步骤来进行。

① 打腿结束后，并拢双腿，身体平直舒展，保持1~2秒。

② 看向前方并开始划水【图❷】,同时一边收腿一边抬起上半身。

③ 头部出水后，发出"噗哇"一声，用口吸气【图❸】。

一边回想动作，一边充分反复练习吧。

游得更快、更轻松的窍门

与自由泳不同，蛙泳中，游泳者主要靠打腿时向后蹬水前进。

想要强有力地蹬水前进，我们需要学会在打腿时保持脚腕弯曲，用脚掌去蹬水。如果做不到这一点，就无法顺利产生前进的力，从而导致下半身下沉、在水中寸步难行。

学习蛙泳，把重心放在打腿的练习上吧！如果不明白怎么用脚掌蹬水，可以做第121页的练习。第126页的浮板打腿练习也非常实用。回家以后，可以参照第133页的内容，在床铺上练习正确的打腿动作。

打腿是蛙泳的灵魂！打腿做得越标准，就能游得越快。

蛙泳，完成！

把每一个动作回顾一遍吧！复习一下，检查自己的掌握情况！

回顾一下手臂和腿部动作吧！

在水中要注意这几点！

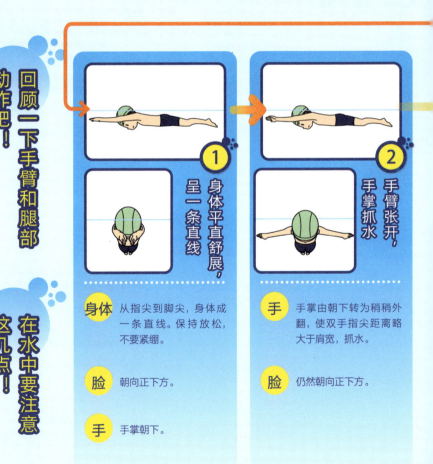

1 身体平直舒展，呈一条直线

身体 从指尖到脚尖，身体成一条直线。保持放松，不要紧绷。

脸 朝向正下方。

手 手掌朝下。

2 手臂张开，手掌抓水

手 手掌由朝下转为稍稍外翻，使双手指尖距离略大于肩宽，抓水。

脸 仍然朝向正下方。

👍 这就是重点!
收腿时两膝与肩膀平齐，以便用脚掌蹬水。

③

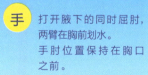

用双臂划水

④

向内侧划水

⑤

两臂合拢，向前伸直

手　打开腋下的同时屈肘，两臂在胸前划水。
手肘位置保持在胸口之前。

身体　双臂在身体侧面划水，同时抬起上半身。

呼吸　脸部出水后，换气。

手　手掌朝内，从手肘前方处向内抱水。
手肘在胸口前方旋转。

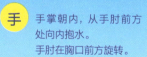

腿　双手的手掌都并至胸口前时，脚跟开始向臀部收拢，收腿时双腿距离与肩同宽。

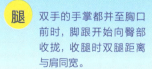

手　在下巴前合拢手掌后，一齐向前伸出。

腿　两臂合拢后，脚尖向外展开，保持脚腕弯曲的同时模仿"小鸟坐"向外蹬腿。
并拢双腿时，用大腿夹水。

在镜子前检查自己的四肢动作吧。到了水里，可以一边回想这些动作一边游泳。

检查姿势

练习

MANGA **SWIMMING** PRIMER

在镜子前检查自己的四肢和换气动作吧！

旋转手臂，
画出心形

手肘在胸部
前方旋转

画完心形后，
将手臂向上伸直

站在镜子或一面大玻璃前，检查自己的四肢动作吧。

首先是手臂动作。手是不是画出了心形呢？肘部不可以低于胸口。还有，手臂要在耳前伸直，这一点也很重要。

接下来是手脚动作的配合。按照第125页的内容来做吧。

同时，也记得要数着"一，二——三"的节奏来做哟。

在家也能做的

不张腿打腿

练习
MANGA **SWIMMING** PRIMER

在床铺上练习收腿和"小鸟坐"式打腿吧

收拢脚跟，
两脚距离与肩平齐

保持脚腕弯曲，
脚尖外展，蹬腿

双腿并拢，
脚腕伸直

脚腕微微收拢。
手臂向前伸。
抬起头，望向前方不远处。

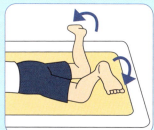

模仿"小鸟坐"的姿势向外展开脚尖后，脚跟就会自然旋转了。

双腿并拢能够增加前进的力，所以每次都要紧紧将双腿并拢。

在床铺上练习第126、127页的"小鸟坐"打腿动作吧。在蛙泳中，前进的力主要来源于打腿的力度。做好打腿动作，就能游得更快，身体稳稳漂浮的同时，换气也会变得更加轻松。

Question

我想多多练习游泳！除了学校，还有什么地方可以练习呢？

学校之外的游泳设施

就是这里啦。

①

市里的公共游泳馆

有的地方会提供小学生游泳指导。

②

游泳学校

可以和年龄相仿的朋友们一起接受教练的指导。

很好玩的样子！

③

游乐园或公园里的泳池

比起练习游泳，更多是以娱乐休闲功能为主。

MANGA **SWIMMING** PRIMER

学校之外可以游泳的场所，大致分为以下三类。

①市里的公共游泳馆：本地的居民都可以使用。

②游泳学校：可以接受教练的专业指导，如果学得好，可以考级，还有机会参加比赛。

③游乐园或公园里的泳池。

练习游泳，可以把考级作为目标。无论什么年龄都可以参加考级，达到规定的标准后，就能拿到证书哦。

Answer

可以在公共游泳馆、游泳学校等场所练习。可以将考级作为目标。

那么，我来宣布一下混合泳接力的顺序。

好，大家都到齐了吗？

咽口水

就是这样！

怎么……

英一的蝶泳在我们泳校可是最厉害的。

你想问什么呢？

教练，关于蝶泳的换气，我想问问您……

没见过呢。

你们见过教练蝶泳吗？

怎么才能把蝶泳游得和教练一样好呢？

之前蛙泳那次，都是第一次见他游泳呢。

滋啦啦啦

……我在电视上看见过。

英一，你应该没见过我蝶泳吧。

我在游泳锦标赛的直播中,看到了教练的蝶泳。

太厉害了!好像一飞鱼样!!

小学一年级的英一

谢谢。

那个时候,他的泳裤应该没穿反吧。

从那以后,我就以教练为目标,开始练习蝶泳。

明白了。

我会加油的!

今天就集中发挥你已有的实力吧!

但是,马上就要比赛了。

脸保持不动，一边左右摇摆身体（见第93页）一边游。

首先，仰泳。

游泳前，我们先来复习一下各种泳姿。

要注意腿部动作（见第118页）。交给我吧！

蛙泳呢？

收腿

蹬腿

我要以教练的水平为目标。

蝶泳呢？

把握好基本的换气方法（见第73页），我会向着第一名冲刺的！

梨花，自由泳呢？

好——

好的！

好，现在去换衣服，20分钟后在泳池边集合。混合接力赛是11点半开始哦。

ポイ
扔

ポイ
扔

？

姐姐，怎么了？

呀——！

啊——！？

忘记带泳衣了！

ウワーン
呜哇——

たら～
完蛋

所以，昨天晚上就放在了桌子上……

因为今天要比赛，本来想在家里穿好了来的。

怎么会忘带了？

然后，你只带了个包就来了？

嗯。

泳镜和毛巾学校的装备包里都有，所以不用带。

好，明天就穿着这个去泳校。

哈、哈、哈、哈。也就是说，

开车回家也来不及了！

到底怎么了啊？

怎么了？

对了，打电话给妈妈。

哇！在这里！

一般在这种比赛中，会提供备用泳衣。

142

咦，我吗？

我不是替补吗？不是不用上场吗？

替补……选手？

似乎，得轮到替补选手上场了哟。

云朵姐姐……

微笑

加油哟。

摆手

什么！我不行的啊！

摆手

航平同学来当最后一棒！自由泳！

太一同学……

航平同学，和我一决高下吧！

英一同学和翔太同学也是。

我会给你开路的。

航平的话，一定没问题的。

143

好!
教练,我
要上场!

不用担心!

加油!

我要上场!

你必须得去!

好样的!

哦一

加油啊!

好,所有人,去换衣服。

不过,航平带泳衣来了吗?

嗯,好好穿着呢。

グイ 揪起

跳水出发的练习，需要在确定孩子愿意的前提下开始。不要强迫孩子去做。

练习需要在水深1米以上的泳池进行，且要保证有能够提供指导的成年人在场。在本章中，主要讲解如何在水深固定的泳池边缘进行跳水出发练习。

第7章

在大人的指导下练习跳水出发吧

请 快 来 挑 战 一 下 吧 ！

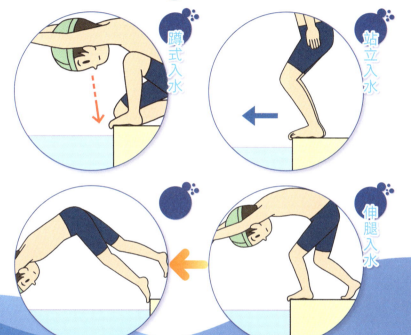

蹲式入水

站立入水

伸腿入水

如果想继续学习游泳，那么跳跃出发的练习是必不可少的。

本章将讲解跳发中基础动作的练习方法，为想要学习跳发的同学提供指导。

练习时，请务必保证泳池水深大于1米，且有负责指导的成年人在场。

练习分为3步进行。学会了第146页的"站立式出发"之后，再进行下一步。不要急功近利，勉强自己哟！

站立，从池边跳入水中

致家长

进行这组练习时，大人需要站在入水点旁边，一边安抚孩子的情绪一边引导。不要让孩子闭着眼跳水。如果孩子太害怕，可以拉住孩子的手，或者站在不远处引导其入水；也可以在更浅的泳池练习，让孩子有双脚着地的安全感。

试试站立式出发吧！

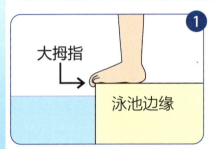

大拇指
泳池边缘

这里哦。

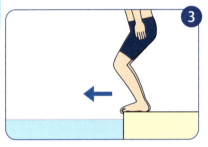

50厘米

学会这些以后

适应了站立入水后，"跳进水里"这件事就没那么可怕了。

这组练习能帮助你熟悉跳水的感觉。

指导者需要站在水里看护并引导。

练习方法 ••••••••••••••••••••••••••

① 用大拇指抓住泳池边缘【图❶】。

② 用目光定位前方50厘米处的水面，作为入水点【图❷】。

③ 弯曲膝盖，双手垂于身体两侧，向前跳跃【图❸】。

③ 从脚部入水【图❹】

•••••••••••••••••••••••••••••••••••••

如果不敢跳入1米深的泳池，可以先选择更浅的泳池来练习。

怎样掌握跳水出发

从指尖入水的练习

手臂前伸，以蹲姿从指尖入水

第147页、第148页的练习，请在孩子能够自由泳或仰泳25米以上时再开始做。练习时同样需要指导者在场。指导者需要有足够的力气，以便在孩子有沉底危险时及时托住孩子，防止其溺水。

蹲下，从指尖入水吧！

 这里是重点！
手臂放在耳后，双手交叠。看向自己的脚尖。

**① **

这里是重点！
看着下方的同时伸直腿，从指尖入水。

**② **

 **学会这些以后**

你会适应看着水面、从指尖入水的感觉。这组练习非常重要。

接下来，是从指尖入水的练习。重点有两个，一是入水时不要向前看（不要抬头），二是通过伸腿入水。

练习方法

① 单膝跪地蹲在泳池边缘。两臂放于耳后，向前伸直【图❶】。眼睛看向脚尖。

② 身体向指尖方向倾斜，在前的一只脚用力蹬泳池边缘，伸腿，从指尖直接入水【图❷】。

双手交叠，通过伸腿跳入水中吧

伸腿后从指尖入水的练习

伸直双腿起跳吧！

①

②

这跟重点！

看着水面，伸直双腿。

③

这跟重点！

跳入距离略大于自己身高的水面，从指尖入水。
入水后，指尖微微朝上，指向水面。

学会这些以后

你将会适应伸腿跳入水中的感觉。这个动作做熟练了，你也就掌握了跳跃出发的基本动作。

在前面几组练习中，我们的双腿都是弯曲的，现在则要将腿伸直再跳入水中。掌握前面几页的内容以后，再开始本组练习。

如果想要进一步精进技巧，建议在专业指导者的指导下学习。

练习方法

① 一只脚向前迈出，两臂放于耳后，向前伸直，双手交叠【图❶】。

② 向前倾倒，前面的那只脚用力蹬泳池边缘【图❷】。

③ 跳入水中，从指尖入水【图❸】。

④ 入水后，伸直身体，指尖微微朝上。

想要请教您！
森教练！

Q Question

练习蹲姿指尖入水时，我感到很害怕。怎样才能克服呢？

让大人扶住手和膝盖

让大人扶住你的手和膝盖，再跳入水中

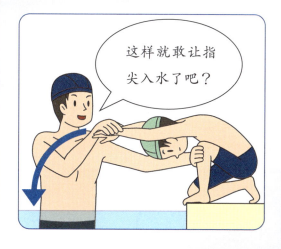

这样就敢让指尖入水了吧？

MANGA **SWIMMING** PRIMER

恐惧情绪是完全可以理解的。毕竟，要看着自己的脚尖，让身体向前倒，这种感觉一定是前所未有的体验。

这种时候，可以请负责指导的大人来帮忙。如左图所示，让大人站在水中，扶着你的手和膝盖，把膝盖当作一个支点，再慢慢地让自己从指尖入水。

开始时可以让大人稳稳地扶住你的手，熟悉动作之后，就可以让大人在中途放开手了。

Answer **A**

让大人扶住你的手和膝盖，再慢慢熟悉从指尖入水的感觉。

好！

如果拿到第一，就一起把教练和航平抛到空中！

バッ

嗖

竖大拇指

グッ

点头

コク

下面举行100米混合泳接力赛。

请仰泳选手进入泳池。

微笑

ニコ

我会在看台上给你鼓劲的！

首先，小早纪，加油啊！

151

好厉害啊，小早纪！

一下子就游出了4米。

加油——！！

大幅度转肩。

！

触碰池壁

最后5米！

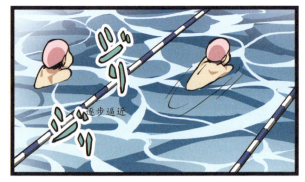

逐步逼近

快了快了!

啊，果真。

喔

翔太!加把劲啊!差距已经缩小了!

哎呀

接下来是英一同学!

握紧拳头

给我好好游啊!

不要被反超啊!

155

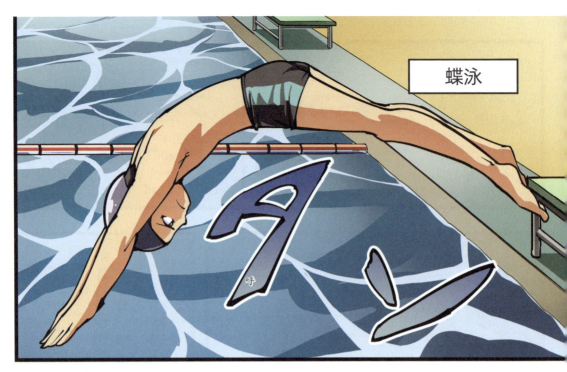

蝶泳

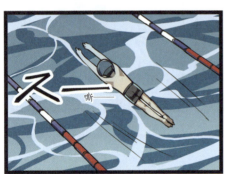

157

划水，向后推！

自由泳

上浮时开始浅打腿，

但是，接下来才是重头戏。

用两臂夹住耳朵，指尖先入水，就能完成漂亮的一跳了。

哇～

航平的跳跃出发做得比我还好呢。

没记错吧。

咻

碰

那个叫太一的男生，游得很快呢。

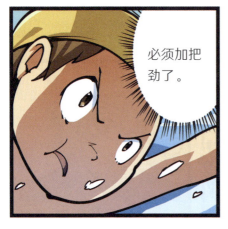

还有 5 米就到终点了哦！！

咦，太一同学？

完

我已经找到游泳的乐趣了。接下来,怎样才能游得更快呢?

如果想要游得更好

1 在泳池或家里多多练习

我有按照教练说的方法打腿吗?

2 回想自己的动作

这里,手肘要再向上抬一点。

3 拍下自己的游泳过程

想要游得更好,就要多加练习。此外,最好到游泳学校接受教练的专业指导。

在练习中,要记住教练强调的要点,多观看学习优秀泳者的视频,在脑中构建出标准的游泳姿势,自己游的时候要反复回想。比如,如果教练经常纠正你的左手动作,就可以想象一下,如果只用左手,应该怎么游呢?然后再去亲身尝试一下。

把自己的游泳过程拍下来,之后反复观看、检查动作,也是很好的方法。

要反复练习,熟能生巧。练习时要在脑中想象自己的姿势,随时检查纠错。